By Laura Williams
Translated by Nguyen Thi Kim

© 2022 Williams Books
1 rue de l'église, 91430 Igny
Dépôt légal : Décembre 2022
ISBN 978-2-494614-37-6
Imprimé à la demande par Amazon
Loi n° 49-956 du 16 juillet 1949 sur les publications destinées à la jeunesse

con linh dương

antelope

con dơi

bat

con gấu
bear

rệp giường
bedbug

con ong

bee

con trâu

buffalo

con bướm

butterfly

con lạc đà

camel

con mèo

cat

con tắc kè

chameleon

gà con

chick

gà

chicken

con gián

cockroach

con bò

cow

bóng chày

cricket

cá sấu

crocodile

chú chó

dog

con lừa

donkey

con vịt

duck

giun đất

earthworm

con voi

elephant

cá

fish

ruồi

fly

cáo

fox

con ếch

frog

linh dương

gazelle

hươu cao cổ

giraffe

con dê

goat

con ngỗng

goose

hà mã

hipopotamus

ngựa

horse

con linh cẩu

hyena

sư tử

lion

con thằn lằn

lizard

nốt ruồi

mole

con cầy mangut

mongoose

con khỉ

monkey

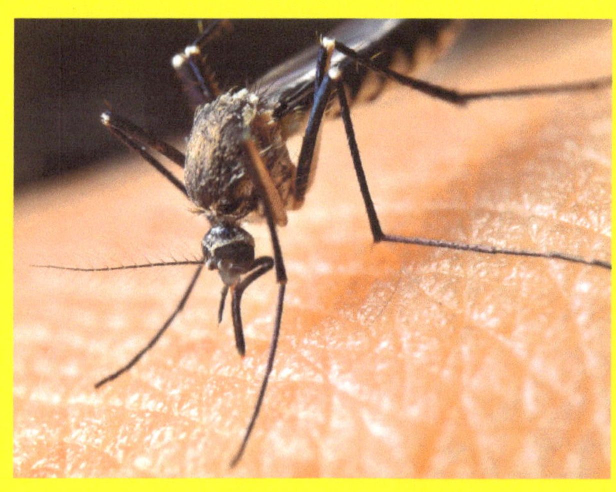

con muỗi

mosquito

con chuột

mouse

con vẹt

parrot

lợn

pig

bồ câu

pigeon

con thỏ

rabbit

con gà trống

rooster

con cừu

sheep

ốc sên

snail

con rắn

snake

con nhện

spider

ong vò vẽ

wasp

ngựa vằn

zebra

Thank you

Thank you for purchasing "Vietnamese-English Words for Toddlers"! Your support means a lot to me, and I hope you and your child enjoy these books.

If you have a moment, I would greatly appreciate it if you could leave a review on Amazon. Your feedback will help me improve future editions of the series and create more resources for bilingual children.

Thank you again for your support. You can access the reviews on Amazon by scanning the QR code below or by visiting the link below:

https://www.amazon.com/review/create-review?&asin=2494614376

Thank you for helping me continue my work as a language teacher and translator. Your support is greatly appreciated!

In the same collection

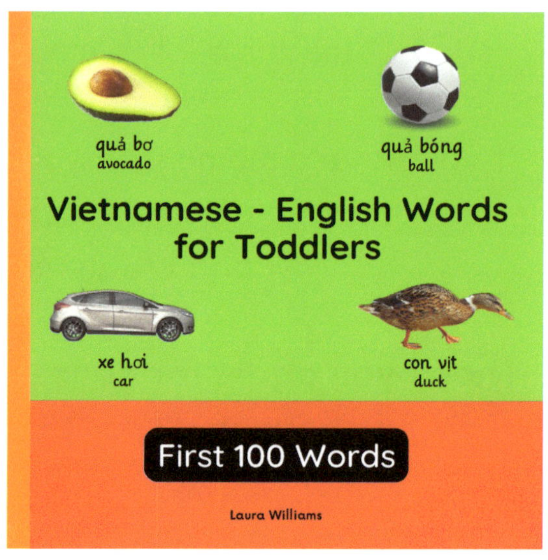

www.ingramcontent.com/pod-product-compliance
Lightning Source LLC
LaVergne TN
LVHW071232160826
845679LV00003B/967